CATALOGUE

DU

MOBILIER

De Mlle F***

MEUBLES EN BOIS DE PALISSANDRE, ACAJOU,

BOIS DES ILES, CHÊNE ET NOYER SCULPTÉS

Meubles en marqueterie de Boule, Rideaux, Tapis, Garnitures
de cheminées, Lustres, Candélabres, Feux, Flambeaux,
Lampes, Tableaux, Porcelaines, objets d'art, Curiosités

BELLES TAPISSERIES DE BEAUVAIS

DONT LA VENTE AURA LIEU AUX ENCHÈRES PUBLIQUES

POUR CAUSE DE DÉPART

RUE DE RIVOLI, N° 174

Les vendredi 7 et samedi 8 octobre 1859

Par le ministère de Me **CHARLES PILLET**, succ^r de M. BONNEFONS DE LAVIALLE,
Commissaire-Priseur, rue de Choiseul, 11.

Assisté de M. FEBVRE, expert, rue Sainte-Anne, 60.

Chez lesquels se distribue le catalogue.

EXPOSITIONS

Particulière, le mercredi 5 octobre 1859

Publique, le jeudi 6 octobre 1859

PARIS

IMPRIMERIE DE PILLET FILS AINÉ

5, RUE DES GRANDS-AUGUSTINS.

1859

CATALOGUE

DU

MOBILIER

De Mlle F***

MEUBLES EN BOIS DE PALISSANDRE, ACAJOU,

BOIS DES ILES, CHÊNE ET NOYER SCULPTÉS

Meubles en marqueterie de Boule, Rideaux, Tapis, Garnitures de cheminées, Lustres, Candélabres, Feux, Flambeaux, Lampes, Tableaux, Porcelaines, objets d'art, Curiosités

BELLES TAPISSERIES DE BEAUVAIS

DONT LA VENTE AURA LIEU AUX ENCHÈRES PUBLIQUES

POUR CAUSE DE DÉPART

RUE DE RIVOLI, N° 174

Les vendredi 7 et samedi 8 octobre 1859

Par le ministère de M° **CHARLES PILLET**, succ' de M. Bonnefons de Lavialle, Commissaire-Priseur, rue de Choiseul, 11.

Assisté de M. FEBVRE, expert, rue Sainte-Anne, 69.

Chez lesquels se distribue le catalogue.

EXPOSITIONS

Particulière, le mercredi 5 octobre 1859
Publique, le jeudi 6 octobre 1859

PARIS

IMPRIMERIE DE PILLET FILS AINÉ

5, RUE DES GRANDS-AUGUSTINS.

1859

CONDITIONS DE LA VENTE

Elle sera faite au comptant.

Les adjudicataire payeront cinq pour cent en sus des enchères, applicables aux frais.

DÉSIGNATION

Antichambre.

Quatre rideaux de vitrage en mousseline blanche unie avec un petit effilé autour.

Un grand tapis en moquette à fond vert à fleurs.

Deux grands coffres à bois, en chêne, à panneaux, formant banquettes, garnis de velours vert d'Utrecht.

Quatre tabourets également en bois de chêne, à pieds tournés et cannelés, garnis comme les coffres.

Une lampe à modérateur en porcelaine fond rose à fleurs, garnie en cuivre, avec son globe.

Salle à manger.

Quatre rideaux de vitrage en mousseline blanche brodée.

Quatre grands rideaux en étoffe algérienne de bourre de soie grise à raies en soies de différentes couleurs, avec embrasses algériennes et torsades en soies assorties.

Bâtons et patères en bois de noyer sculptés à filets en bois noir.

Un grand tapis moquette, genre Smyrne.

Une table ronde soutenue par un seul pied à volutes en bois de noyer sculpté, avec baguettes et filets en bois noir, et six rallonges.

Un grand et beau buffet-dressoir à coins arrondis, entièrement en bois de noyer sculpté, avec moulures et filets en bois noir.

Une table à découper à trois tiroirs, semblable au meuble précédent.

Douze chaises en bois de noyer avec filets en bois noir, à dossier garni, recouvertes en chagrin brun, ornées de clous dorés, pieds cannelés.

Une pendule et son socle en marqueterie de Boule, cuivre sur écaille, ornés de figures mythologiques.

Une suspension en bronze à douze lumières, avec abat-jour en porcelaine.

Une soupière à feuillages en porcelaine de Saxe gaufrée, fond blanc.

Six petites tasses et leurs soucoupes en porcelaine de Saxe à fleurs et à sujets.

Un service en porcelaine à fleurs et dorée, verres ordinaires, verres à vins fins, cristaux, etc.

Un service en plaqué composé de :

Dix plats ronds,

Deux plats ovales,

Une soupière,

Quatre réchauds et leurs cloches,

Un réchaud ovale et sa cloche,

Quatre légumiers,

Quatre petites salières,

Deux grandes salières,

Un huilier,

Un moutardier.

Le tout avec bordures en argent.

Petit salon.

Deux petits rideaux de vitrage en mousseline blanche brodée.

Deux stores aussi en mousseline blanche brodée.

Deux grands rideaux de fenêtre en brocatelle de soie cerise doublée, avec pentes aussi en brocatelle, passementeries et torsades en soie cerise, cordons assortis, galerie en bois sculpté et doré, patères en cuivre.

Tenture du salon en brocatelle semblable.

Un grand tapis en belle moquette à fond blanc, orné de riches bouquets de différentes fleurs nuancées.

Un très-grand et beau canapé, et quatre grands fauteuils, tout étoffé, garnis en brocatelle de soie cerise capitonnée, et dans le bas d'une crépine de soie de même couleur, avec pieds en bois doré.

Deux meubles à hauteur d'appui à pans coupés en marqueterie de Boule à fleurs style Louis XVI, encadrements, frises et moulures en bronze doré.

Deux anciennes appliques à trois lumières en bronze doré à guirlandes et feuillages époque Louis XVI.

Deux anciens chenets Louis XIV en bronze doré, chevaux se cabrant et s'appuyant sur des médaillons armoriés.

Une pendule en bronze doré, style Louis XVI, avec sujet de l'Amour et la Fidélité, le socle orné d'une frise représentant les Arts libéraux.

Deux candélabres en bronze doré, petits faunes soutenant des branches à cinq lumières.

Un lustre à dix-huit lumières en bronze doré, style Louis XVI; il est garni de plaques en cristal de Bohême.

Deux vases en ancienne porcelaine de Chine à mandarins, monture en bronze doré, style Louis XVI, groupe de lis à cinq lumières.

Deux vases en ancien céladon gris perle, avec ancienne monture en bronze doré, style Louis XVI.

Un très-beau et grand plat en ancienne porcelaine de Chine belle qualité, avec monture, trépied et terrasse en bronze doré.

Salon.

Dix rideaux de vitrage en mousseline brodée.

Dix stores aussi en mousseline brodée.

Dix grands rideaux de fenêtre en brocatelle de soie cerise, doublés en soie blanche, avec pentes de brocatelle doublées en soie cerise, garnies de franges, embrasses et torsades en soie de même couleur.

Six portières en même étoffe molletonnées et garnies de passementeries et torsades en soie cerise. L'une d'elles est doublée en brocatelle, les autres en soie.

Galeries en bois sculpté et doré, patères en bronze doré.

Un store peint sur soie représentant des plantes aquatiques.

Un grand et beau tapis en moquette, fond blanc, avec bouquets de fleurs assorties.

Deux chenets en bronze doré, socle sur lequel sont des petits faunes assis et tournant le dos à des cassolettes.

Une belle garniture de cheminée en bronze doré, pendule et candélabres (enfants sur des feuillages, tenant des guirlandes de fleurs).

Un lustre à trente-six lumières, style Louis XVI; il est en bronze or moulu, les tiges sont entrelacées de guirlandes de fleurs et de pampres.

Deux glaces biseautées entourées de riches encadrements italiens en bois sculpté et doré; ces encadrements se composent de larges feuilles détachées à jour, sur lesquelles se reposent des enfants en ronde bosse.

Un canapé et quatre fauteuils confortables, tout étoffe, garnis en brocatelle de soie cerise capitonnée, avec crépines de soie et pieds en bois doré.

Six chaises en bois doré, foncées en brocatelle capitonnée semblable à celle du canapé.

Deux fauteuils confortables, tout étoffe, garnis en brocart soie et or, à pieds en bois doré.

Une borne garnie en lampas de soie verte capitonnée, bordée de bouquets de fleurs en soies nuancées et d'une crépine de soie.

Un coffre à bois en chêne entièrement garni en brocatelle de soie cerise capitonnée ainsi que son couvercle.

Un harmonium de Debain, en bois de palissandre, à cinq octaves.

Une table à jeu en marqueterie de cuivre sur fond noir.

Une table carrée en bois sculpté et doré, style Louis XIV, à dessus de velours rouge.

Une jardinière en marqueterie de cuivre sur fond noir.

Deux meubles à hauteur d'appui, en bois de rose orné de beaux bronzes et à trois panneaux enrichis de plaques en mosaïque de Florence représentant des oiseaux sur des branches.

Ces deux pièces sont d'un goût parfait et d'un travail remarquable.

Deux grands vases en porcelaine pâte tendre, anses à jour,

à anneaux et à guirlandes de feuilles de chêne, décor fond bleu avec médaillons représentants deux scènes pastorales et deux groupes de fleurs et de fruits. Les peintures sont de M. Child de la manufacture de Sèvres.

Deux vases de forme ovoïde en porphyre oriental. Les panses, les piédouches et les couvercles entièrement sillonnés de cannelures contournées, ils sont ornés de beaux bronzes Louis XVI, composés de perles, piastres, feuilles de chêne et anses à jour. Ces pièces sont évidées à l'intérieur et d'une très-belle matière.

Deux vases en ancien bocaro de Chine à médaillon de paysages, monture Louis XVI, bronze doré.

Une coupe ovale en marbre blanc, le couvercle, la panse et le piédouche à cannelures; cette pièce est enrichie d'ornements, de mascarons et d'un bas-relief de jeux d'enfants, le tout en bronze doré style Louis XVI.

Deux tableaux ovales peints par Tiepolo; l'un représentant la mort d'Agrippine.

Chambre à coucher.

Quatre rideaux de vitrage en tulle blanc brodé.

Quatre stores en même étoffe.

Quatre grands rideaux de fenêtre en damas de Chine bleu ciel, doublés en soie blanche, bonnes grâces doublées en soie bleue, garnies, torsades, glands et cordons en soie bleue.

Deux portières en velours cramoisi, avec bordure en tapi   auvais offrant des frises ornées de fleurs et de   et torsades en soies et laines assorties.

Galeries pour rideaux en bois sculpté et doré.

Une planche de cheminée en tapisserie de Beauvais, avec franges en laine et soie, assortie de rideaux en velours grenat, bordés de tapisserie.

Un très-beau tapis de Smyrne, dessins verts et bleus.

Une très-belle tenture, composée de six tapisseries en ancien beauvais, représentant des sujets mythologiques, notamment Appollon chez Thétis, et la toilette de Vénus. Ces dernières sont signées Van Schoor. Nous appelons l'attention des amateurs sur cette magnifique décoration.

Deux chenets genre Louis XIII à chevaux ailés, bronze doré.

Deux flambeaux en bronze doré, style Louis XIV.

Une pendule de Boule en marqueterie de cuivre sur écaille; elle est enrichie de figures mythologiques et d'ornements en bronze, époque Louis XIV.

Un beau et riche bois de lit, style Louis XVI, à dossiers cintrés et à colonnes supportant un ciel, le tout en bois doré très-richement sculpté; à l'intérieur le ciel est formé par une glace ovale biseautée, richement encadrée. Ce lit est garni de damas de soie bleu des Indes capitonné, et orné de huit rideaux et bonnes grâces de même étoffe doublés en foulard bleu ciel avec passementeries et effilés de soie, et encore de huit autres rideaux en tulle blanc brodé. Ce lit repose sur un socle recouvert en velours cramoisi.

Un sommier élastique, deux matelas et un traversin couverts en molleton blanc, une couverture de laine, une autre en molleton de coton, une courte-pointe en damas de Chine avec passementeries, soie bleue.

Un coffre à bois, garni en tapisserie et velours.

Une chaise berceuse en fer, couverte de damas de Chine bleu, les montants garnis en velours grenat.

Un meuble composé de quatre fauteuils confortables et une ottomane tout étoffe, garnis en damas de Chine bleu ciel, capitonné, avec pieds en bois doré.

Deux grands fauteuils droits, style Louis XIII en bois sculpté et doré, avec entre-jambes de même, couverts en ancienne tapisserie de l'époque, représentant des figures et des paysages. Les figures, finement faites au petit point, sont d'un beau travail.

Une glace biseautée, style Louis XIII, avec encadrement à fronton et ornements en cuivre repoussé.

Une glace ovale biseautée, avec encadrement en bois sculpté et branchages à jour en or et couleur.

Une ancienne et belle console à quatre faces, en bois très-richement sculpté, époque Louis XV, à peinture blanche rehaussée de filets bleus, avec entre-jambes sculptés. Le dessus est garni d'un velours bleu à clous argentés.

Un petit coffret à bijoux, ou meuble dit cabinet, époque Louis XIII, en bois d'ébène, garni de neuf tiroirs, entourant une porte à secret ; le tout incrusté d'ornements et de filets en ivoire.

Un charmant petit bureau Louis XV en bois de rose incrusté de fleurs en marqueterie de bois, enrichi de bronzes dorés.

Une commode Pompadour, ornements rocaille et dorés sur fond bleu à bouquets.

Une garniture de cheminée composée d'une pendule et de

deux lampes en porcelaine bleue, pâte tendre, décorée de médaillons, de fleurs et de sujets pastoraux d'après Boucher, avec ornements et figures dorés.

Deux petits candélabres à trois lumières et deux chandeliers en bronze doré, style rocaille.

Deux vases de forme cylindrique en ancienne porcelaine de Chine, décors fond bleu rehaussés d'or; sur chaque pièce sont quatre bouquets de fleurs émaillées sur blanc.

Ces beaux vases sont montés en bronze doré très-finement ciselé et supportent deux lampes mobiles.

Cabinet de toilette.

Deux rideaux de vitrage en mousseline blanche brodée.

Deux grands rideaux en damas de Chine vert broché, doublés en foulard blanc, pente en damas vert garnie de passementeries, torsades et embrasses en soie verte.

Deux portières en damas de Chine vert broché, dont l'une est doublée en damas pareil et l'autre en foulard vert.

Galeries en acajou découpé et bâton en même bois.

Un coffre à bois en bois noir garni en velours, avec panneaux en damas de Chine vert et capitonné.

Un grand tapis de moquette genre Smyrne rouge et bleu.

Un autre petit tapis de foyer du même genre.

Une natte.

Deux flambeaux Louis XVI en bronze doré.

Une grande toilette de style chinois, en bois d'acajou ciré, à deux tiroirs en bois noir incrustés d'ivoire, à dessins courants. Cette toilette est supportée par quatre pieds en même bois, avec entre-jambes découpés sur les côtés, garnis de rideaux en damas de Chine vert. Le dessus, de marbre blanc, est surmonté d'un fronton en bois d'acajou découpé à jour et sculpté. Il est garni de deux glaces moyenne grandeur, avec tablettes entre et quatre bougeoirs. Sur cette toilette, treize pièces en porcelaine de Chine, composées de deux grands bols, deux bouteilles, quatre pots à savon, deux autres à pommade et un petit bol.

Une commode, style chinois, en bois d'acajou ciré, à dessus de marbre, s'ouvrant à deux ventaux, garnie à l'intérieur de trois tiroirs à coulisses.

Une petite toilette dite duchesse, garnie en soie rose recouverte de tulle avec garniture en guipure; un miroir dont le cadre est garni de même.

Deux chaises en laque foncées en canne.

Deux vases de forme carrée, en ancienne porcelaine de Chine à fleurs et médaillons de mandarins; la monture Louis XVI est à mascarons, filets, terrasse et galerie à jour.

Une ancienne pendule Louis XVI en bronze doré, socle cannelé, surmonté de la statuette du *Garde à vous!*

Un nécessaire de voyage en bois de palissandre, garni de tous ses accessoires en argent et cristal.

Chambre à coucher.

Deux garnitures de fenêtres, composées l'une de deux grands rideaux de brocart blanc, à feuilles de chêne brodées or fin et haute bordure à feuilles de chêne et enroulement aussi en or fin, franges en or, torsades et embrasses en soie et or ; et l'autre de deux grands rideaux en quinze-seize de soie blanche, doublés en soie de même couleur, passementerie bleue et or, torsades et embrasses en soie bleue.

Quatre rideaux de vitrine en mousseline blanche.

Six portières en brocart blanc brodé à feuilles de chêne en or fin, avec galeries à feuilles de chêne et enroulement aussi brodés en or fin, franges, torsades et embrasses en soie bleue et or.

Galeries et bâtons en bois doré, patins en bronze doré.

Un grand tapis d'Aubusson, fond blanc à médaillon de fleurs, avec quadrilles fond vert, bordure rouge.

Une paire de chenets en bronze doré, style Louis XVI, à pendants fixes et vases.

Une garniture de cheminée, composée d'une ancienne pendule Louis XVI en bronze doré, avec sujet de la Science couronnant l'Étude, socle à bas-reliefs d'enfants ; le mouvement est de Lessepwen et marque les quantièmes ; les deux candélabres, également anciens, à cinq lumières, offrent des socles supportant des vases d'où s'échappent des roses et des tulipes.

Un très-beau lit en bois des îles, incrusté de quadrilles à

trèfles et de panneaux en bois de couleur; aux quatre coins sont des colonnes à jour supportant des vases en bronze; la tête et le pied sont à frontons cintrés; de beaux bronzes ornent cette pièce.

Une très-belle armoire à glace, même travail que le précédent.

Un charmant petit meuble, dit *bonheur du jour*, même travail que les précédents.

Six fauteuils Louis XV en bois doré, deux couverts en brocart blanc à fleurs, les quatre autres couverts en satin brodé, genre Pompadour.

Un meuble en bois de rose, incrusté de quadrilles et de bois de couleur, les côtés sont à gorges; de beaux bronzes et une peinture sur porcelaine, représentant la toilette de Flore, ornent ce meuble élégant.

Un petit secrétaire en bois de rose inscrusté de filets en bois de couleur, orné de beaux bronzes dorés et de trois plaques en porcelaine tendre représentant un sujet pastoral et deux groupes de fleurs.

Deux vases de forme hexagone en ancienne porcelaine de Chine, à fleurs émaillées, anses et terrasses en bronze doré, style rocaille.

Deux petits vases en porcelaine de Sèvres bleue, au grand feu, monture Louis XVI bronze doré.

Un petit vase Médicis en verre de Venise filigrané.

Une petite table de travail en marqueterie genre Boule.

Une petite table toilette ancienne, en bois de marqueterie, style Louis XV.

Une étagère encoignure, de Boule, avec fond de glace.

Plusieurs groupes en biscuit de Sèvres, pâte tendre; sept autres groupes et figurines en porcelaine de Saxe; une bouteille en verre de Venise et divers objets d'étagère.

Un petit coffret moderne en bois de chêne sculpté; sur le couvercle est un oiseau reposant sur une branche, aux quatre coins sont des feuilles détachées à jour.

Une cassolette en ancienne porcelaine de Sèvres pâte tendre, décor moderne à fond turquoise et médaillons d'oiseaux; cette pièce est supportée par des cygnes reposant sur une terrasse en bronze doré.

Un vase en ancienne porcelaine de Chine, de forme sphérique, décoré de fleurs émaillées et monté en bronze doré.

Un buste de femme en terre cuite, attribué à Houdon.

Paris. Imprimerie de PILLET fils aîné, rue des Grands-Augustins, 5.